MW01633608

EL BARCO
DE VAPOR

Mi nombre es Skywalker

Agustín Fernández Paz

Ilustraciones de Puño

sm

fundación sm

**La Fundación SM destina los beneficios
de las empresas SM a programas culturales
y educativos, con especial atención a los
colectivos más desfavorecidos.**

Si quieres saber más sobre los programas
de la Fundación SM, entra en
www.fundacion-sm.org

LITERATURA**SM**•COM

Primera edición: octubre de 2003
Vigésima quinta edición: enero de 2022

Dirección editorial: Berta Márquez
Coordinación editorial: Carolina Pérez
Dirección de arte: Lara Peces

Título original: *O meu nome é Skywalker*

© del texto: Agustín Fernández Paz, 2003
© de las ilustraciones: David Peña Toribio (Puño), 2015
© Ediciones SM, 2015
  Impresores, 2
  Parque Empresarial Prado del Espino
  28660 Boadilla del Monte (Madrid)
  www.grupo-sm.com

ISBN: 978-84-675-7707-5
Depósito legal: M-34023-2014
Impreso en la UE / *Printed in EU*

En sus ojos se veía
una infinita tristeza.

1

Un descubrimiento extraordinario

Desde que instalaron el gran supermercado enfrente de su casa, a Raquel le encanta asomarse a la ventana y mirar a la calle. Antes no le gustaba, se aburría pronto porque en ella nunca pasaba nada, como si la vida de verdad estuviera siempre en otra parte. Pero ahora hay un continuo ajetreo de coches que van y vienen. Y en los alrededores del centro comercial se puede ver a todas horas un gran número de personas que entran y salen por las amplias puertas. Es un trasiego incesante, que a la niña le trae a la memoria las incansables hileras de hormigas que tanto la fascinaron el verano anterior, cuando descubrió los hormigueros que había en la huerta de su abuela.

Raquel ya sabe cómo es el supermercado, pues ha acompañado muchas veces a sus padres. El espacio interior es enorme, mucho más de lo que aparenta por fuera. En él hay un mundo de tiendas distintas: la pescadería, el puesto de las frutas, la carnicería, el mostrador de los quesos, la panadería... Aunque lo que más hay son pasillos y pasillos con altas estanterías a cada lado, siempre con las baldas repletas de todos cuantos productos se pueden imaginar.

Para Raquel es una fiesta acompañar a su madre los sábados por la mañana, que es el día reservado para hacer la gran compra semanal. Siempre cogen uno de los carros mayores, y la niña es quien lo conduce por los pasillos, sorteando los carros de la otra gente, mientras su madre busca en los estantes la leche, el agua, los zumos, las lentejas, los huevos y todas cuantas cosas se necesitan. Al final, el carro acaba siempre tan lleno que tienen que empujarlo entre las dos para

conseguir llevarlo hasta alguna de las cajas registradoras.

Raquel siempre contempla a la cajera con ojos fascinados. Le asombra la velocidad con que coge todo cuanto su madre ha elegido y lo pasa por delante del rectángulo de cristal negro que hace «bip, bip» y va señalando en la pantalla el coste de cada producto. Otro dependiente recoge luego las cosas y las deposita en grandes cajas de cartón, que precinta con movimientos hábiles y repetitivos como los de un robot. Más tarde, cuando el repartidor lleva las cajas a casa, es una fiesta abrirlas y sacar todo lo que contienen, como si estuvieran repletas de sorpresas inesperadas.

Al abandonar el supermercado y salir otra vez a la calle, la niña levanta la cabeza y mira hacia las ventanas de su piso. Es un juego que inventó hace ya tiempo, cuando era más pequeña y su madre siempre tenía que indicarle qué ventanas eran. Le gusta imaginar que ella también está allí, en ese mismo momento, como una hermana gemela que la mirase a través de los cristales de la sala. «Raquel en la calle y Raquel en casa», piensa. La idea la hace sonreír, y siempre cruza una mirada cómplice con la niña imaginaria que la observa desde allá arriba.

Una tarde, algo llamó la atención de la niña. No eran los coches que iban y venían buscando un lugar donde aparcar. Y tampoco la gente, que entraba y salía por las puertas del supermercado con tantas prisas como cualquier otro día. No, lo que le llamaba la atención era una novedad en la que nunca antes había reparado: un hombre vestido con un pantalón negro y con una chaqueta de llamativos cuadros verdes y marrones, que permanecía de pie frente a la puerta de salida, inmóvil entre aquel continuo movimiento.

Desde donde estaba, Raquel solo le podía ver la espalda. Pero, a veces, cuando el hombre giraba un poco el cuerpo para seguir a alguna persona con la mirada, entonces le veía

fugazmente una parte del rostro, y veía también que sostenía una pequeña caja con la mano derecha. Debía de ser mayor, porque su pelo era escaso y ya comenzaba a blanquear.

¿Qué tenía de especial aquel hombre? Al principio, Raquel pensó que era su inmovilidad. ¡Parecía una estatua, parado en medio de tanto ajetreo! Pero, después de observarlo durante bastante tiempo, la niña se dio cuenta de que se fijaba en él por una causa más extraña.

No era solo el hombre lo que le llamaba la atención, a pesar de llevar aquella chaqueta tan estrafalaria. Más bien tenía que ver con todas las personas que caminaban a su alrededor. Pasaban a su lado como si aquel ser no existiera, como si no estuviese allí, ocupando un lugar en el espacio. Eso era lo realmente extraño: ni una mirada, ni un gesto, ni una palabra. Aquel individuo parecía ser transparente para los hombres y mujeres que se cruzaban con él.

«¡Nadie lo ve, parece invisible!», pensó Raquel. Se quedó parada un momento, con los ojos muy abiertos, meditando aquellas palabras que se le habían ocurrido. Volvió a mirar con más atención. ¡Nada! Nadie le hacía ningún caso, ni siquiera recibía una mirada fugaz. «¡Ese hombre tiene que ser invisible, no hay otra explicación!».

Excitada por el repentino descubrimiento que acababa de hacer, llamó a su madre con voces impacientes.

–¿Qué quieres, hija? ¿A qué vienen esos gritos? –preguntó la madre cuando se acercó a la ventana.

–¡Mira, mamá, mira! –exclamó Raquel–. ¿Ves aquel señor que está allí, en la acera, parado frente a la puerta del supermercado?

–¿Qué señor dices? –contestó la madre, tras una mirada fugaz–. Hay mucha gente hoy, se nota que es lunes.

–El de la chaqueta de cuadros verdes y marrones, el que tiene el pelo blanco y está de espaldas a nosotras. ¿No lo ves?

–¿Pelo blanco? ¿Esto qué es? ¿Un juego nuevo? Pues no, no veo a nadie con el pelo blanco –respondió la madre, tras mirar con aire distraído–. Anda, déjame acabar de arreglarme, que tengo que salir a comprar algunas cosas.

¡Su madre tampoco lo veía! ¡Tenía que ser cierto que era invisible, no podía haber tantas casualidades! Aun así, para asegurarse, Raquel continuó observando lo que ocurría allí abajo: el hombre inmóvil, las personas pasando indiferentes a su lado. Tan solo algunos niños pequeños se paraban o volvían la cabeza para mirarlo, venciendo la resistencia de sus padres, que tiraban de ellos para no detener su marcha.

«Es invisible, ahora sí que estoy segura», pensó la niña. Claro que invisible del todo no debía de ser, pues había otros niños que podían verlo. Pero confiaba en que, como pasaban tan rápidos por su lado, ninguno de ellos se diera cuenta del secreto. Bien mirado, era una suerte que fueran solo los mayores los que no pudieran verlo. «Si no, ¿cómo iba yo a descubrirlo?», concluyó Raquel, triunfante.

Por la noche, mientras cenaban, Raquel le preguntó a su padre:

–Papá, ¿tú crees que existen los hombres invisibles?

El padre, desconcertado, dejó los cubiertos sobre el plato y miró alternativamente a Raquel y a su mujer. Después, con voz amable, respondió:

–¿Por qué me preguntas eso? ¿Has visto hoy alguna película en la televisión?

–No, ninguna. Solo te lo preguntaba por si lo sabías –contestó la niña.

–Pues no, no existen, excepto en las novelas y en las películas. ¡Cómo van a existir! –el padre la miró fijamente y añadió–: ¿Acaso vuela Superman? ¿Y alguien puede pensar que Spiderman salta de un rascacielos a otro, aunque sea agarrado a esos hilos tan raros? No debes creer todo lo que ves en la televisión, ya te he explicado muchas veces que la mayoría son cosas inventadas.

Luego, dirigiéndose a la madre, añadió:

–Me parece a mí que esta niña pasa demasiado tiempo viendo la televisión. No puede ser, así no se mueve en todo el día. Por la mañana en la escuela y por la tarde en casa, eso no es nada bueno. Tenemos que llevarla al parque, para que juegue más.

–¡Pero si tiene todos los juguetes que quiere! Y no hay tarde en que no la deje ir al patio, a jugar con los otros niños –se defendió la madre, molesta por el reproche–. Lo que pasa es que la imaginación le trabaja demasiado. ¿No serás tú, con tantos cuentos como le lees, quien le mete todas esas fantasías en la cabeza?

Los padres, como en otras ocasiones, comenzaron a discutir sobre si estaban llevando bien o mal la educación de su hija. Pero esta vez Raquel apenas atendió a lo que decían. Ahora tenía un secreto muy importante, un secreto que nadie más sabía. Tan solo le faltaba acercarse a aquel hombre y asegurarse de que era real el descubrimiento que había hecho aquella tarde.

2

EL ENCUENTRO CON EL HOMBRE INVISIBLE

AL DÍA SIGUIENTE, la madre de Raquel comentó que iba a bajar al supermercado, pues necesitaba comprar algunas cosas para preparar la cena.

–¿Puedo ir contigo, mamá? –se apresuró a pedir la niña.

–Puedes, pero ponte otros zapatos y cámbiate la camiseta; no vas a bajar a la calle con esa pinta.

Raquel se cambió los zapatos y se puso otra camiseta, se peinó a toda prisa y corrió detrás de su madre, que ya la aguardaba ante la puerta del ascensor. Una vez en la calle, atravesaron el paso de peatones y se dirigieron al supermercado.

Allí delante estaba el hombre de la chaqueta de cuadros, como la tarde anterior. A medida que se acercaban a él, Raquel sentía que la dominaba un creciente nerviosismo. Las personas que pasaban a su lado lo seguían ignorando, pero para ella aparecía tan real como lo era su madre. Por primera vez lo podía ver de cerca, así que hizo lo posible por observar hasta el detalle más pequeño.

El hombre parecía mayor. Tenía bastantes arrugas por la cara y debía de hacer más de dos días que no se afeitaba. Su expresión

era seria, o quizá triste, se le notaba sobre todo en la mirada. Con la mano izquierda sujetaba un cartón rectangular que apoyaba contra su pecho; en él aparecían escritas unas pocas palabras: «NO TENGO TRABAJO. NECESITO COMER». Con la mano derecha sostenía una pequeña caja metálica, con algunas monedas dentro. Una caja que movía con timidez cuando alguien pasaba a su lado.

Raquel observó después a su madre. Ahora podría comprobar si ella lo veía o no, era algo

que por fuerza se le tendría que notar en la cara. Pero la madre pasó al lado de aquel hombre sin prestarle ninguna atención y entró en el establecimiento. «También puede ser porque no lo ha visto de frente», pensó Raquel. «Tengo que aguardar y ver qué ocurre cuando salgamos».

Compraron pasta y un bote de tomate, y después una lechuga y medio kilo de cerezas, y también algo de fiambre en la charcutería. Más tarde, mientras aguardaban en la cola, Raquel aprovechó para conseguir que su madre le comprase unos chicles del expositor que había al lado de la caja.

Cuando salieron otra vez a la calle, se encontraron de frente con el hombre invisible. Allí estaba, inmóvil como una escultura, con su cartel apoyado en el pecho y con la cajita metálica en la mano.

El hombre las miró y extendió algo el brazo, para hacer más evidente la presencia de la caja. Raquel se quedó parada y observó a su madre con toda atención. Si aquella persona no era invisible, ahora tendría que reparar forzosamente en ella, era imposible no hacerlo.

Pero la mirada de la madre parecía atravesar el cuerpo que tenía delante, nada en su rostro indicaba que lo estuviera viendo. Era como si aquel hombre fuese transparente y se pudiera mirar a través de él, tal como ocurría con las pompas de jabón que algunos días Raquel lanzaba al aire desde su ventana.

La niña, en cambio, sí que lo veía. La cara marcada por las arrugas, los ojos claros y hundidos, el pelo blanco y la barba de dos días. Y el cartel, y también la pequeña caja, donde había unas pocas monedas sueltas. Y la mirada, sobre todo la mirada, que parecía encerrar una tristeza infinita.

Pero tampoco tuvo tiempo de fijarse en más detalles, porque su madre tiró de ella con determinación, alejándola del lugar. Cruzaron la calle y regresaron a su edificio. Al entrar en el piso, lo primero que hizo Raquel fue correr hasta la ventana. El hombre seguía allí abajo, como un árbol plantado en medio de la acera, mientras las personas iban y venían a su alrededor: sin tocarlo, sin verlo, como si aquel cuerpo no fuera real.

«Invisible, ahora sí que no tengo ya ninguna duda», pensó Raquel, satisfecha. Sentía por dentro una oculta excitación, pues ahora estaba segura de que no se había equivocado. Era un secreto extraordinario, el más grande que nunca había tenido. Debía hacer algo, antes de que aquel hombre desapareciese o acabara por volverse invisible también para ella.

Durante los siguientes días, Raquel continuó observando a aquel hombre que solo ella parecía ver. Allí lo encontraba todas las tardes, inmóvil en el mismo lugar. No sabía si estaría también por las mañanas, mientras ella permanecía en el colegio. Y tampoco alcanzaba a imaginar por qué la vida de aquella extraña persona era siempre tan igual, como si, lo mismo que los árboles o las papeleras, ya formara parte del paisaje de la calle.

De tanto observar al hombre invisible, el deseo de hablar con él crecía más y más dentro de la niña. Sus padres no la dejaban bajar sola a la calle siempre que ella quería, pero no le ponían ningún inconveniente si se tra-

taba de acercarse a alguna de las tiendas que había cerca de la casa. Una tarde, por fin, Raquel se decidió a hacer lo que ya llevaba pensando desde hacía varios días. Su madre estaba en la sala leyendo el periódico: era el momento ideal.

–Mamá, voy a bajar a la librería. Necesito una cartulina para hacer un trabajo que me han mandado en el colegio.

–Vete, pero ten cuidado. Y vuelve pronto, no te quedes tanto tiempo mirando los libros como siempre. Y de paso compra pan.

–No te preocupes, que no tardaré nada. Dame algo de dinero, anda.

La niña cogió las monedas que le dio su madre y salió del piso. Mientras esperaba el ascensor, excitada ante la aventura que iba a vivir, sintió algo de vergüenza por la mentira que acababa de contar. No necesitaba la cartulina, le bastaba con una que tenía en su habitación. Pero no se le había ocurrido otra disculpa para conseguir el permiso de su madre;

además, tampoco era una mentira tan grande. ¡Por fin iba a poder hablar con el hombre invisible!

Cruzó la calle por el paso de peatones y corrió hasta el supermercado. El hombre misterioso estaba en el lugar de siempre, sosteniendo el cartel con una mano y la caja metálica con la otra, como si nunca se cansase de aquella postura. Raquel compró el pan y se acercó al hombre. Y allí se quedó quieta, mirándolo, como quien contempla una estatua en una exposición.

El hombre aún tardó un rato en darse cuenta de la presencia de la niña. Por fin, después de lanzarle algunas miradas de reojo, la observó fijamente y le preguntó:

–¿Y tú qué quieres, niña? ¿Qué haces ahí parada, mirándome como una boba?

Era la primera vez que Raquel lo escuchaba hablar, y sus palabras no hicieron más que reforzar lo que ella ya imaginaba: aquel hombre hablaba de un modo extraño, pronunciando algunos de los sonidos con un fuerte acento extranjero. Era alguien que, sin duda, venía de muy lejos. ¿Habría en algún lugar un País de las Personas Invisibles?

–¿Qué? ¿Te han comido la lengua los ratones? –insistió el hombre–. ¿Es que no tienes otra cosa mejor que hacer que mirarme?

–Conozco tu secreto. Conmigo no tienes por qué disimular –dijo Raquel, sin hacer caso de aquellas preguntas tan tontas.

–¿Mi secreto? –ahora el hombre contemplaba a la niña con expresión de asombro, como si no entendiera nada.

–Sí, pero puedes estar tranquilo. No se lo voy a decir a nadie, no tengas miedo.

–¿Y puedo saber yo cuál es ese secreto? –preguntó el hombre, después de un tiempo de silencio–. Porque a mí me lo podrás decir, ¿verdad?

Al oír aquello, Raquel sonrió con expresión cómplice:

–¿A ti? ¡Claro, quieres comprobar si de verdad lo sé!

–Pues sí, claro que quiero. Anda, cuéntame qué secreto tan importante sabes de mí.

–Sé que eres invisible –respondió Raquel, bajando la voz, después de unos momentos de indecisión–. Pero no para mí. No sé por qué, pero yo puedo verte.

–¿Invisible? ¿Así que yo soy invisible? ¡Pues vaya descubrimiento, niña lista!

El hombre parecía burlarse de Raquel, pero la niña pronto comprobó que sus palabras le interesaban tanto como ella había imaginado. Guardó el cartel y la caja de pedir en una bolsa de plástico que tenía detrás, arrimada a una jardinera de cemento. Después se dirigió a las escaleras de piedra que había en un portal

próximo y se sentó en ellas. Y desde allí invitó a la niña a que se acercase a él:

–Ven, anda, vamos a sentarnos un poco. Es cansado estar tanto tiempo de pie.

Cuando Raquel se acomodó a su lado, el hombre le preguntó:

–¿Y cómo has descubierto mi secreto, si se puede saber?

–Porque llevo muchos días observándote. Vivo allí enfrente, en el cuarto piso –ahora la niña señalaba hacia el lugar donde estaba

su casa–. Desde la ventana, te veo todas las tardes.

–Vaya, ya lo entiendo. Pero, si me ves, ¿cómo puedes decir que soy invisible?

–Pues porque solo te veo yo, aunque no sé explicarte por qué. Quizá porque aún soy pequeña, ya he notado que otros niños también te miraban. Pero de las personas mayores ninguna te ve: pasan a tu lado y ni te miran. Para ellos no existes, es como si fueses transparente. Por eso sé que eres invisible.

El hombre permaneció callado durante algún tiempo, con expresión seria. Raquel tampoco dijo nada: debía de ser muy duro que alguien desconocido te descubriese un secreto tan bien guardado. Por fin, el hombre habló:

–Invisible... Tienes toda la razón, sí. La verdad es que soy invisible.

–¡Bien! ¡Lo sabía! –exclamó la niña, alborozada–. Pensé que lo negarías todo, incluso temía que desaparecieras de golpe en cuanto te lo dijera.

–No, mujer, no –por primera vez, el hombre sonreía abiertamente–. ¿Cómo le iba a hacer yo eso a una niña tan lista?

Ahora que ya había descubierto lo principal, Raquel quería conocer más detalles. Así que se apresuró a preguntar:

–¿Qué haces aquí todo el día? ¿Es verdad lo que pone en el cartel?

–¡No, mujer, cómo va a ser verdad! Si necesitase conseguir dinero, no me pondría aquí. Habría que ser muy tonto, ya ves el éxito que tengo.

–Entonces, ¿qué haces delante del supermercado todo el día? –insistió Raquel–. ¿O no me lo puedes decir?

El hombre no respondió. Una sombra de amargura pasó por su rostro; pero fue algo pasajero, porque pronto volvió a instalarse en él la sonrisa amable de antes.

–Sí que te lo voy a decir, pero con una condición: tienes que guardarme el secreto, guardarlo para siempre. Será algo solo entre tú y yo. ¿Me lo prometes?

–Sí, te lo prometo –respondió Raquel, impaciente.

El hombre dudaba, como si le costase encontrar las palabras precisas. En vez de hablar, miraba hacia el cielo, en el que ya se notaba la llegada del anochecer. Después de un rato, bajó la voz y dijo:

–En realidad, vengo de muy lejos. Yo soy..., soy... ¡Soy un visitante de las estrellas! Ahora ya lo sabes tú también.

Después permaneció callado, aguardando la reacción de la niña. Pero, aunque en sus ojos se notaba bien el inmenso asombro que le había producido aquella revelación, Raquel continuaba en silencio, a la espera de más explicaciones.

–Verás –añadió el hombre–: procedo de un planeta muy lejano, donde tenemos una civilización mucho más adelantada que la vuestra. Ya hace tiempo que queríamos saber cómo eran los habitantes de la Tierra. Y mc pidieron a mí que viniese hasta aquí, y que estudiara lo que hacen y piensan las personas que viven en este planeta.

–¡Pero entonces eres como un explorador! –interrumpió la niña, admirada ante tanta revelación.

–Pues sí, como un explorador –admitió el hombre–. Por eso estoy aquí todos los días, porque este es un lugar ideal para conocer a los humanos. En este supermercado entra y sale un mundo de gente. Yo leo en sus cerebros, y así sé todo lo que piensan, lo que desean, lo que les preocupa...

–¿De verdad que puedes leer en nuestros cerebros? ¿También en el mío?

–En todos, no. Por ejemplo, en el tuyo ahora no puedo. Tendrías que pasar distraída a mi lado; entonces sí que podría.

Raquel se quedó callada, pensando en lo que acababa de oír. Ahora sí que lo entendía bien, todas las piezas encajaban por completo. ¡Vaya secreto, un hombre de las estrellas! ¡Era lo más grande que le había ocurrido en toda su vida!

–¿Y a ti no te espera nadie? ¿No estarán preocupados tus padres con tu tardanza? –le preguntó el hombre, interrumpiendo su meditación.

Entonces la niña se dio cuenta de que llevaba ya mucho tiempo fuera, su madre podría sentirse intranquila. Se levantó de inmediato y dijo:

–Tengo que marcharme, ya es muy tarde. Pero volveré otro día, aún tienes que contarme muchas más cosas –se quedó callada de repente, como si acabara de recordar algo impor-

tante, y luego añadió–: Yo me llamo Raquel, perdona que no te lo haya dicho antes. ¿Cuál es tu nombre?

El hombre no contestó de inmediato; parecía dudar ante aquella pregunta tan inocente. Raquel insistió:

–¿También es un secreto? Puedo llamarte el Hombre Invisible, si es que no me lo puedes decir. O el Hombre de las Estrellas, que es más bonito.

–Skywalker –respondió finalmente el hombre–. Es mejor que me llames Skywalker.

–¡Skywalker! ¡Te llamas como el de *La guerra de las galaxias*!

–Como el de *La guerra de las galaxias*, sí. No sé si ya lo sabes, pero Skywalker quiere decir «el que recorre el cielo» o «el que camina por el firmamento». Eso es lo que yo he hecho durante toda mi vida, y lo que voy a seguir haciendo en el futuro.

–Adiós, Skywalker –en la voz de la niña había un tono de irrefrenable admiración–. Volveré pronto, tienes que hablarme más de ti y de tu planeta. ¿Me lo prometes?

–Claro que te lo prometo, Raquel. Pero no te olvides de que es un secreto entre nosotros dos –contestó el hombre, mientras seguía con la vista la figura de la niña, que corría ya por la otra acera, en dirección a su casa.

4

Una desaparición misteriosa

–Papá, ¿tú crees que existen los extraterrestres? Pero no como E.T. o esos marcianos verdes de las películas, sino los de verdad –la cena pronto finalizaría y Raquel no quería dejar pasar la oportunidad de saber lo que opinaba su padre. Sin darle tiempo a contestar, añadió–: ¿Es verdad que hay habitantes en otros planetas? ¿Será cierto que vienen hasta la Tierra para estudiarnos y saber cómo somos?

El padre dejó en la mesa el plato con las cerezas que estaba comiendo y miró a Raquel, entre asombrado y divertido.

–Lleva así toda la tarde –intervino la madre–. Yo no sé quién le mete todas esas historias en la cabeza. Deben de ser las amigas en el colegio, porque la televisión ya hace días que casi no la ve.

–A ver, Raquel –preguntó el padre–. ¿A ti quién te ha contado lo de los extraterrestres?

–No me lo ha contado nadie, son cosas que pienso yo –lo que menos quería era descubrir su secreto, pues se lo había prometido a Skywalker. Y las promesas se hacen para cumplirlas.

–Claro que puede haber vida en otros lugares del espacio, por lo menos eso dicen los astrónomos –respondió el padre, por fin–. Sería mucha casualidad que, con tantas estrellas como hay, fuéramos nosotros los únicos seres inteligentes del universo.

Animado por la atención que Raquel le prestaba, añadió:

–¿Y quién puede saber si vienen o no a visitarnos? Yo en todo ese cuento de los platillos

volantes no creo, me parece una tontería. Pero lo cierto es que han ocurrido muchos sucesos inexplicables, y misterios que aún siguen sin resolver. Quizá algún día sepamos...

–¡Muy bien! ¡Tú métele aún más fantasías en la cabeza! –interrumpió la madre–. ¡Como si a la niña no le llegase ya con la imaginación que tiene!

–Mujer, que tenga fantasías a esta edad no es nada malo. ¡Ya tendrá tiempo de saber cómo es la vida más adelante!

–¡Pues fantasías no le faltan! Anda, pídele que te cuente también lo de leer el pensamiento, que ya me tiene la cabeza mareada con ese juego suyo.

–¿Qué juego es ese? –preguntó el padre, divertido–. ¿Por qué no me lo cuentas también a mí?

–Solo he dicho que debe de ser maravilloso poder adivinar los pensamientos de la gente –explicó la niña–. Muchas veces, cuando miro por la ventana, juego a adivinar qué es lo que van pensando las personas que pasan.

–¡Pues mira, eso también me gustaría a mí poder hacerlo! No me vendría nada mal conocer lo que traman algunos en mi oficina. ¿Y puedo saber cómo lo haces?

–No hago nada especial. Solo escojo a una persona cualquiera e imagino lo que le pasa en ese momento por la cabeza.

–A ver, ¿por qué no me enseñas a mí ahora? Aún no ha anochecido del todo, tenemos tiempo para jugar un poco.

El padre se levantó y fue hasta la ventana, seguido de Raquel. Los comercios ya habían cerrado, pero por la calle todavía pasaba bastante gente.

–Empiezo escogiendo yo –dijo el padre, una vez que ambos se asomaron al exterior–. ¿Puede valer aquel hombre que va por la otra acera, el que lleva la cartera tan grande?

–Vale, sí –contestó Raquel–. Ahora tienes que observarlo con mucha atención, como si tuvieras vista de rayos X. Y después dices en voz alta qué va pensando.

–Pues va preocupado por lo tarde que llegará a casa, ha estado demasiado tiempo en la oficina. Pero piensa que no le queda más remedio que hacer horas extras, porque tiene muchas cosas que pagar: la hipoteca del piso, las letras del coche, el colegio de los hijos...

–¡Qué va, es mucho más sencillo! –contestó la niña–. Lleva esa cara de preocupado porque le aprietan mucho los zapatos. ¿No ves cómo se va mirando todo el tiempo los pies? Los ha estrenado hoy y lleva todo el día con ellos puestos; está deseando llegar a su casa y poder quitárselos.

Después, como el padre no respondía nada, añadió:

–Ahora escojo yo. ¿Ves aquella mujer de blusa roja, la que está sentada sola en la terraza del bar?

–¡Esa sí que es fácil! –interrumpió el padre–. Está muerta de aburrimiento, no hay más que verla. Ha salido de casa esperando encontrarse con alguien, pero la persona que espera no llega. Ahora piensa en lo tonta que es, y en que no debería hacerse tantas ilusiones cuando conoce a alguna nueva persona.

–¡Qué va, no aciertas ni una! –exclamó Raquel–. Esa mujer es una espía, se le nota a la legua. ¡Fíjate en cómo mira de reojo hacia todos lados! Está aguardando ahí porque le han dicho que en ese bar es donde se reúnen los contrabandistas a los que tiene que perseguir. Y esperará aunque tenga que hacerlo durante toda la noche, pues sabe que acabarán por llegar.

–Espías por este barrio no faltan, pero no sé si serán de esos que tú piensas –replicó el padre–. ¿Y qué me dices de aquel chico que pasa ahora por delante de la librería?

–¿Aquel? ¡Más fácil, imposible! Ese chico se siente feliz, ¿no ves que va cantando? Se ha enamorado de una chica que también lo quiere a él, sabe que van a poder estar juntos toda la vida. Seguro que ahora va a buscarla para salir a dar un paseo a la luz de la luna. Por eso se le ve tan alegre.

La voz de la madre llamándolos para que volvieran interrumpió la conversación.

Mientras cerraba las hojas de la ventana, el padre dijo:

–¿Sabes que es un juego muy bonito? Mañana seguiremos, quiero que me enseñes cómo haces para leerles tan bien el pensamiento a las personas.

Pasaron los días. Raquel seguía observando a Skywalker desde la ventana de su piso, aunque ahora era distinto. De vez en cuando, el

hombre invisible volvía la cabeza para mirar si la niña estaba tras los cristales. Si la encontraba allí, le hacía un breve gesto, a modo de saludo. Y Raquel le correspondía saludándolo también con la mano y lanzándole una sonrisa.

Pero esto no ocurría todas las tardes porque, con la llegada del buen tiempo, muchos días Raquel iba con su madre al parque, donde se reunía con otros niños de su colegio y jugaba hasta que anochecía.

En algunas ocasiones, conseguía mantener una conversación fugaz con su amigo de las estrellas. Ocurría siempre que encontraba un pretexto para que la dejasen salir a comprar algo, que era muchas menos veces de las que ella desearía. Entonces corría hasta donde estaba Skywalker, que siempre la recibía con una expresión de agradable sorpresa, y aprovechaba para retomar la conversación interrumpida.

Así, poco a poco, Raquel fue conociendo muchos de los detalles de la vida que Skywalker había llevado en su planeta de origen: que era músico, que vivía en una pequeña casa con jardín, un jardín con rosales y azaleas, pero también con otras flores muy distintas de las que crecen en la Tierra; que en otro tiempo había escrito poemas, que en su mundo la vida era muy distinta...

La niña lo escuchaba fascinada, pues las palabras de Skywalker eran hermosas y sugestivas como las de un cuento maravilloso. Después de cada conversación, él le recordaba que nadie debía saber nada de lo que hablaban, ya que era un secreto entre los dos. Y la niña le contestaba siempre que no necesitaba decírselo, pues nunca nadie sabría por ella ni la vida ni la identidad secreta de su amigo.

Como el tiempo no se detiene nunca, llegó también el final del curso y el inicio de las vacaciones. Por una parte, a Raquel le daba algo de pena, pues le gustaba estar con sus amigas en el colegio y, además, la maestra que tenía este año era muy buena. Pero, por otra parte, se alegraba de no tener que madrugar tanto y poder dormir hasta la hora que quisiera.

Como ahora también estaba en casa por las mañanas, pronto descubrió algo que antes no sabía: Skywalker debía de tomar muy en serio su trabajo de exploración porque, cuando ella se levantaba, su amigo ya estaba en el lugar que ocupaba siempre, frente a las puertas del supermercado.

Era cansado el oficio de investigador, no debía de resultar nada cómodo pasarse todo el día de pie, incluso para un extraterrestre. «Pero está en el lugar ideal», pensaba Raquel. «En ningún sitio encontraría tanta gente distinta como en el súper». Para ella tenía mucho mérito lo que hacía Skywalker, y estaba segura de que en su planeta considerarían su investigación como la mejor de todas.

Un día, a la hora de comer, Raquel se asomó a la ventana y descubrió que Skywalker no se encontraba en su lugar de siempre. A la niña le llamó la atención aquella ausencia, pues pensaba que su amigo estaba allí durante todo el día. Por un momento, temió que ya hubiera acabado la investigación y regresara definitivamente a su planeta. Sin embargo, pronto desechó aquel pensamiento porque, en alguna de sus conversaciones, le había prometido que no se marcharía de la Tierra sin despedirse antes de ella.

Pero el mismo hecho ocurrió durante los siguientes días, como bien se encargó de comprobar la niña. Ahora estaba claro que Skywalker abandonaba su lugar en las horas del mediodía. ¿Adónde iría durante ese tiempo? ¿O sería que, con el sol en lo más alto, se volvía tan invisible que ni siquiera ella podía verlo?

5

UNA CONVERSACIÓN
EN LA CASA DE LOS GATOS

RAQUEL ESTABA cada vez más intrigada por las ausencias de Skywalker, así que decidió investigar por su cuenta. Lo primero de todo era comprobar cuándo y cómo se producía la desaparición, y eso solo podría saberlo si estaba presente en el momento justo. Un día, mientras su madre preparaba la comida, se sentó al lado de la ventana y permaneció atenta todo el tiempo, sin perder detalle de lo que ocurría delante del supermercado.

Su paciencia acabó por ser recompensada. Serían las dos de la tarde cuando Skywalker abandonó su inmovilidad, metió el cartel y la caja de las monedas en la bolsa de plástico que siempre llevaba consigo, y se dirigió a una casa que había en la misma acera, algunos metros más adelante.

Se trataba de un edificio que habían construido hacía ya tiempo, pero que habían dejado inacabado, con los ladrillos de las paredes al descubierto y con unos grandes huecos rectangulares en la fachada, donde algún día irían las ventanas. La madre de Raquel le llamaba la Casa de los Gatos, porque en el bajo del edificio debía de vivir una numerosa familia de gatos; era habitual ver a algunos de ellos por la calle, a cualquier hora del día, pues a cada poco entraban y salían por los huecos que había entre las maderas del portalón que cerraba el bajo.

Skywalker llegó hasta el portalón, empujó una estrecha puerta que había en uno de los lados y se metió dentro del edificio. En ese mismo instante, Raquel decidió que tenía que conocer lo que su amigo hacía en aquel lugar deshabitado.

Fue hasta la cocina y le preguntó a su madre si podía bajar a buscar el pan. La madre le contestó que sí, como siempre que se lo pedía; la panadería estaba muy cerca de la casa, ese era uno de los recados que ella solía hacer.

Cuando Raquel se encontró en la calle, antes de nada fue a comprar el pan. Después, corrió hasta el bajo donde había visto desaparecer a Skywalker. Una vez ante el portalón, buscó la estrecha puerta lateral. Parecía estar cerrada por dentro pero, en cuanto la empujó con la mano, se abrió lo suficiente para que ella pudiera entrar.

Después de cerrar de nuevo la puerta, la niña contempló el espacio que tenía delante. Le costaba acostumbrar los ojos a la oscuridad, pues el bajo estaba en penumbra, pero pronto localizó a Skywalker. Se encontraba en una de las esquinas, al fondo del local, sentado en un cajón de madera. Frente a él había un pequeño hornillo de gas. Sobre el hornillo estaba colocada una cazuela, de la que salía una nube de vapor que se perdía en el aire del recinto.

Raquel avanzó en dirección a él. El suelo del local aparecía lleno de cascotes, ladrillos rotos y tablas manchadas de cemento y cal. Era imposible caminar sin que el ruido la delatase.

—¿Quién anda ahí? —el hombre giró la cabeza e hizo ademán de levantarse, pero volvió a sentarse cuando reconoció a Raquel.

—Hola, Skywalker —le saludó la niña—. Soy yo, no te asustes.

—¿Eres tú, Raquel? ¡Vaya susto que me has dado! —dijo, sorprendido. Después la miró con ojos de asombro y añadió—: ¿Y tú qué

haces aquí? ¿No tenías que estar comiendo, a estas horas? ¡Vas a conseguir que se enfaden en tu casa!

Pero Raquel no hizo caso de lo que su amigo le decía. Observaba todo lo que había a su alrededor, asombrada por lo que estaba descubriendo. En un rincón, distinguió una mochila y algunas bolsas amontonadas.

–Así que comes aquí –dijo–. ¿Qué hay en esa cazuela?

–Sopa –contestó Skywalker–. Sopa de verduras. Los hombres del espacio necesitamos comer todos los días sopa de verduras. Es el alimento que nos da la energía necesaria para resistir.

–¿Y no podéis comer otras cosas?

–Oh, sí. Pan, pasta, fruta, lentejas... Cualquier alimento de los que tú conoces, excepto carne o pescado. Para eso se necesita matar animales, ningún habitante de las estrellas lo aceptaría.

Raquel miró de nuevo la mochila. Era grande y parecía estar repleta, pero no notó nada de especial en ella.

–¿Adónde vas por las noches? ¿O duermes también aquí? –preguntó.

–¡No, no podría dormir aquí! –el hombre echó una ojeada a su alrededor, con expresión de desagrado–. Por la noche, este lugar es el reino de los gatos, no sabes tú bien cuántos se juntan aquí.

–¿Y entonces dónde duermes?

–Es un secreto, no te lo puedo decir –respondió Skywalker, después de un momento de vacilación–. No es bueno que sepas tanto sobre mí, puede acabar trayéndote complicaciones.

–¡Parece mentira que digas eso! A mí tienes que contármelo –insistió Raquel–. Ahora ya sabes que sé guardar bien un secreto.

–En eso tienes razón. Sé bien que puedo confiar en ti –el hombre hablaba despacio, como si le costase trabajo encontrar las palabras justas–. Verás: cuando llega la noche abandono la Tierra. Tengo que volver al espacio, para así recuperar las fuerzas que he perdido durante el día. Estar aquí más de veinticuatro horas seguidas resultaría mortal para mí.

–¿Pero no me habías dicho que tu planeta estaba muy lejos?

–No voy hasta mi planeta, sino que me quedo en la Luna. La Luna está mucho más cerca, como ya sabrás. Es fácil llegar hasta ella.

–Pero para ir a la Luna hace falta un cohete espacial –objetó la niña–. Lo he visto en la televisión.

–Les hace falta a los humanos, claro. Pero no a nosotros, los hombres de las estrellas. Yo solo tengo que ponerme de pie, levantar la vista y mirar fijamente a la Luna. Entonces una fuerza telepática tira de mí y me traslada a la velocidad de la luz. Y ya está, al momento siguiente aparezco en la Luna.

–¡Ya lo entiendo! ¡Así es como hacen también en *Star Trek*! Pero allí utilizan una especie de tubo de cristal para transportarse.

–Sí, sé bien cómo es. Sin embargo, a nosotros no nos hace falta un mecanismo así, ya te he dicho que somos una civilización muy adelantada.

–¿Y qué haces en la Luna, tú solo?

–¡Oh, no estoy solo! Allí nos reunimos todos los que estamos estudiando este planeta, así nos contamos lo que hemos averiguado durante el día. Y después nos dormimos, cada uno en su cráter.

–¿Y cómo hacéis para regresar?

–¡Eso todavía es más fácil! Por la mañana nos ponemos de pie dentro del cráter, cerramos los ojos y pensamos en el punto exacto de la Tierra al que queremos volver. Y allí aparecemos, justo en ese lugar.

–¿Y no se asusta la gente cuando os ve aparecer?

–No, mujer; elegimos siempre lugares solitarios. Como este bajo, que es el que utilizo yo. Aquí solo podría asustar a los gatos.

Raquel iba a continuar con sus preguntas, le quedaban todavía muchos detalles que quería conocer. Pero Skywalker se levantó del cajón y le dijo:

–¿Tú sabes el tiempo que llevas ya aquí? ¡Márchate ahora mismo, o te van a reñir por tardar tanto! Y cuando abras la puerta, procura que nadie te vea salir de aquí. A ver si tú y yo vamos a acabar teniendo otra clase de problemas.

Raquel sonrió y le dijo adiós. Después abrió la puerta y salió del bajo, no sin antes comprobar que nadie se fijaba en ella. Y luego corrió hasta su casa, con algo de temor por lo que le podrían decir. Pero hubo suerte, porque su madre había estado ocupada preparando la comida y ni siquiera se había dado cuenta de la tardanza de la niña.

6

Los hombres de la noche

Un sábado, Raquel y sus padres fueron a pasar la tarde con unos amigos que vivían en una casa al lado del mar. La niña se alegró mucho, porque eso significaba que podría jugar con su amiga Sara, que era de su misma edad.

La casa estaba en las afueras de un pequeño pueblo, a una media hora de la ciudad, y parecía pensada para que cualquier niño disfrutara en ella. Había una huerta con árboles frutales que debían de haber plantado hacía poco tiempo, pues todavía eran muy pequeños. Y había también una piscina, en la que Sara y Raquel estuvieron metidas casi todo el tiempo, mientras los mayores tomaban cafés y hablaban, sentados en el porche de la parte de atrás de la vivienda.

Cuando regresaron a la ciudad, como Raquel no estaba nada cansada, su padre propuso salir a tomar una pizza y, después, ir al cine a ver una película.

La niña aceptó entusiasmada. Siempre se tenía que acostar temprano, eran contados los días en que la dejaban estar hasta muy tarde. Además, ir al cine era siempre una aventura excitante para ella, cualquiera que fuese la película escogida.

Aquella noche vieron una divertida película de animación que la dejó fascinada, con todos esos animales que parecían tan verdaderos como cualquier persona. Si sus padres temían que se quedara dormida durante la proyección, estaban muy equivocados. No tenía ni pizca de sueño, por ella no se acostaría en toda la noche. Aquel había sido un día perfecto, hacía mucho tiempo que no lo pasaba tan bien.

A la salida del cine, cuando volvían caminando a su casa, a Raquel le llamó la atención algo que nunca en su vida había visto. Fue en la calle principal, donde están los comercios más importantes de la ciudad. Algunos de los edificios tenían una entrada espaciosa y profunda en la planta baja, el lugar reservado a los escaparates más lujosos. Y allí, al lado de las brillantes cristaleras, había un buen número de bultos extendidos por el suelo, semejantes a grandes sacos oscuros.

Tardó en darse cuenta de que aquellos bultos no eran más que personas tapadas con mantas o embutidas en sacos de dormir, tumbadas sobre cajas de cartón deshechas o sobre viejos colchones. Personas que habían organizado allí un lugar para dormir, buscando el techo y el abrigo que les ofrecían aquellas entradas.

–¡Qué pena me da esta gente! –dijo la madre en voz baja–. Todos durmiendo aquí, en los portales, como si estuviéramos en los tiempos de la miseria. Por Dios, ¿es que no pueden acogerlos en un albergue, o algo así?

–¿Acogerlos, dices? Lo que había que hacer era tomar otras medidas más eficaces –opinó el padre, con aire de enfado–. Muchos vienen aquí a dormir la borrachera, fíjate cuántos cartones de vino tienen al lado. ¡Da vergüenza ver esto en pleno centro de la ciudad!

Algunos de aquellos bultos se movieron y levantaron la cabeza, quizá habían oído las palabras que el padre acababa de pronunciar. Raquel se fijó de modo especial en una de aquellas personas, que se había incorporado

parcialmente y, embutida en su saco de dormir, apoyaba ahora su espalda contra el cristal de un escaparate.

Estaba oscuro y no lo pudo ver bien, y además aquel hombre apartó con rapidez la mirada y se volvió a acostar, con el cuerpo vuelto hacia el otro lado. Pero el corazón de Raquel se aceleró de repente, porque en aquel hombre había creído reconocer el rostro de Skywalker. ¿Qué hacía él allí, entre aquella gente que se resguardaba bajo los portales? Pero no, no podía ser cierto, tenía que estar equivocada. A aquellas horas, su amigo ya debía de llevar tiempo y tiempo descansando tranquilo en el cráter que tenía reservado en la Luna.

–¿Quieres andar más rápido, Raquel? –le dijo su padre con enfado contenido, mientras tiraba de su mano–. No mires tanto a la gente, a ver si les va a parecer mal.

Raquel siguió caminando, pero sin dejar de mirar cada poco tiempo hacia el portal. Deseaba comprobar si aquel hombre se incorporaba otra vez, pero nada sucedió. Lo último que observó la niña, antes de volver la cabeza definitivamente, fue el rótulo luminoso del comercio que había en aquel bajo:

Un nombre que solo se le fue de la cabeza cuando, acostada ya en su cama, el sueño acabó finalmente por vencerla.

7

EL REGRESO DE SKYWALKER

EL LUNES POR LA MAÑANA, en cuanto despertó, Raquel corrió hasta la ventana para comprobar si Skywalker se encontraba en su lugar de siempre. Y sí, allí estaba, frente a la puerta del supermercado, como cualquier otro día.

La niña se quedó mirándolo hasta que, al cabo de un rato, el hombre invisible se giró y dirigió la vista a donde ella estaba, buscándola con la mirada. Cuando la vio, sonrió y la saludó con el gesto que acostumbraba a hacer. Ella le devolvió el saludo y después también le hizo una señal, indicándole que bajaría en cuanto le fuera posible.

No tardó en encontrar una oportunidad para hacerlo. Su madre quería desayunar leyendo el periódico, y la niña se ofreció a ir a buscárselo al quiosco. Ya en la calle, compró el diario y, a todo correr, se dirigió a la puerta del supermercado.

En cuanto la vio, el hombre de las estrellas abandonó su lugar de siempre y fue a sentarse en las escaleras de piedra. Raquel se acomodó a su lado.

–¿Qué tal? ¿Has dormido bien hoy? –le preguntó Skywalker.

Pero la niña no hizo caso a aquellas preguntas. Tenía poco tiempo y era ella quien precisaba una respuesta. La pregunta fue tan directa que dejó desconcertado a su amigo:

–¿Eras tú el que estabas el sábado por la noche durmiendo en la entrada de una tienda, junto con otros hombres?

–¿Durmiendo en una tienda? ¿Con otros hombres, dices? –mientras repetía las preguntas, Skywalker ponía cara de no entender nada–. Sabes de sobra que eso es imposible. A esas horas yo ya tendría que estar durmiendo en la Luna, con mis compañeros exploradores. ¿No recuerdas que ya te lo expliqué hace tiempo?

Raquel no respondió, aunque por dentro no le acababan de convencer las palabras de su amigo. Después de permanecer algún tiempo en silencio, el hombre invisible le dijo:

–Tengo que contarte una cosa. Y no sé si te gustará.

–¿Qué cosa? –preguntó la niña, con voz apagada.

–Pues que mi misión en la Tierra ya ha finalizado. Ayer, precisamente, cuando llegué a la Luna, recibí la visita de un alto cargo de mi planeta. Venía a comunicarme la resolución del Comité Científico: tengo que regresar cuanto antes y presentar un informe de todo lo que he investigado sobre los humanos.

Como Raquel permanecía quieta y callada, añadió:

–También he decidido hablarles de ti, ¿sabes? El tuyo va a ser mi informe más extenso. Y también el más positivo.

–¿Y cuándo te vas? –consiguió preguntar la niña, venciendo el desasosiego que sentía por dentro.

–Me voy esta noche. Esta noche subiré a la Luna y ya nunca más volveré a bajar. Quizá pase allí unos días, descansando, antes de volver definitivamente a mi planeta.

La expresión de Skywalker era alegre, como si quisiera compensar la tristeza que se reflejaba en el rostro de Raquel. Como la niña se había quedado callada, el hombre se levantó de las escaleras y añadió:

–Tienes que venir hoy a mi refugio secreto. Ya sabes, en la Casa de los Gatos. Quiero hacerte un regalo de despedida.

–¿Un regalo? ¿Para mí?

–Para ti, claro. Lo tengo guardado desde hace varios días, pero no quería dártelo hasta que llegase este momento. ¡Así que no puedes faltar!

Las últimas palabras ya se las había dicho desde su lugar de siempre. Raquel pronto entendió que Skywalker deseaba estar solo para poder acabar su investigación, pues aquel era su último día de trabajo. Así que ella también se levantó y se marchó corriendo a su casa. Tenía que pensar un plan que le permitiera escaparse hasta la Casa de los Gatos cuando llegase la hora de comer.

8

Tiempo de decir adiós

No le resultó difícil. Pretextando que tenía mucha hambre, Raquel consiguió que su madre adelantase un poco la hora habitual de la comida. Aquel día almorzaban las dos solas, pues el padre no llegaría hasta más tarde.

Cuando acabaron, la niña comentó que había quedado con Laura, una amiga suya que vivía dos pisos más arriba, para ir a jugar al patio. Le llamaban así a un espacio cerrado, situado en la parte de atrás de la casa, que los niños del edificio utilizaban como espacio de recreo.

Lo de Laura era una mentira, claro, pero Raquel no había encontrado otra disculpa mejor para poder salir, y confiaba en que su madre no se diera cuenta del engaño. Además, en cuanto regresara de la Casa de los Gatos pensaba subir a llamar a su amiga, para que así la mentira fuera algo más pequeña.

Fue hasta su cuarto y cogió la bolsa que tenía guardada. Bajó por las escaleras, con sigilo, pues no quería que nadie la viera si usaba el ascensor. Ya en la calle, corrió hasta el bajo de la Casa de los Gatos. Contaba con tiempo suficiente, nadie tenía por qué saber de su fuga, si todo salía bien.

Cuando entró en el bajo, pronto distinguió a Skywalker, que estaba de pie en el fondo del local, como aguardándola.

–¡Has venido! –dijo el hombre–. ¡Cuánto me alegro!

–Tenía que venir, te lo había prometido. Aunque puedo estar poco tiempo; nadie sabe que estoy aquí.

Raquel se acercó a su amigo. Aquel día no había hornillo ni sopa de verduras. Allí cerca, en el suelo, estaba la mochila, y algunas bolsas, y una manta enrollada. Skywalker debía de haberlo recogido todo antes de que ella llegara.

–Así que es cierto que te marchas. ¿No nos vamos a ver nunca más?

–Vuelvo a mi planeta, ya te lo he dicho. Esta noche abandonaré el mundo de los humanos por última vez –había un aire de tristeza en los ojos del hombre de las estrellas–. Y no, no nos vamos a ver nunca más. Por eso te voy a hacer un regalo, para que te acuerdes de mí cuando yo ya no esté aquí.

Skywalker se agachó y rebuscó en una de las bolsas, de la que extrajo un objeto envuelto en arrugadas hojas de periódico.

–Toma, es para ti. Desde que lo vi, supe que te iba a gustar.

Raquel tomó el paquete y lo desenvolvió con cuidado. El regalo que escondían los papeles era una esfera de cristal transparente, apoyada en una base de madera que la cortaba por abajo. La esfera estaba hueca y en su interior aparecía representado un paisaje nocturno. La parte superior del cristal era como

la bóveda del cielo, pintada de azul oscuro y con muchas estrellas plateadas. Una enorme luna llena, también plateada, aparecía colgada del punto más alto, sujeta al cristal por un fino pivote metálico. La parte plana de abajo, en cambio, tenía un paisaje en relieve, con montañas y árboles, y un río, y hasta unas pocas casas situadas cerca de él.

—Tienes que acercarla a la lámpara y dejarla allí un tiempo, hasta que se cargue. Después, apagas todas las luces y la miras en

la oscuridad –le explicó Skywalker–. Ya verás qué sorpresa te llevas esta noche.

–Gracias, muchas gracias –consiguió decir Raquel, que sentía crecer la emoción en su interior. Después, cogió la bolsa que había traído consigo y se la ofreció a su amigo–: Yo también tengo un regalo para ti.

–¿Un regalo? ¿Para mí? –el hombre de las estrellas parecía incapaz de disimular el asombro que sentía–. ¡Ahora sí que me has sorprendido de verdad!

Skywalker tomó la bolsa y sacó de ella una hermosa caracola, la misma que hasta aquella mañana había estado en uno de los estantes del dormitorio de la niña.

–Un día me dijiste que en tu planeta había ríos, pero que no teníais mar. Y que el mar había sido lo que más te había impresionado de todo lo que habías visto aquí, en la Tierra –le explicó Raquel–. Por eso te he traído esta caracola. Cuando la acercas al oído se escucha el rumor de las olas, como si todo el mar estuviese encerrado en su interior. Así, cuando estés en tu planeta, siempre que quieras podrás recordar el mar.

Skywalker cogió la caracola y la mantuvo pegada a la oreja durante un tiempo, mientras llegaba hasta él la memoria del mar. Después, con los ojos humedecidos, se acercó a la niña y se agachó para que su cara quedase frente a la de ella.

–Es el regalo más bonito que me han hecho nunca. Me alegro mucho de haberte conocido, nunca pensé que ibas a ser tan importante para mí. Te voy a echar de menos cuando esté otra vez en mi planeta.

Raquel no dijo nada, pero se aproximó aún más a su amigo y lo rodeó con sus brazos. También Skywalker la estrechó contra su pecho. Fue un abrazo intenso y cálido, y también un abrazo triste, porque los dos eran conscientes de que nunca más se volverían a ver.

–¡Márchate ya, venga! –urgió el hombre de las estrellas, rompiendo repentinamente aquella unión–. A ti te van a echar en falta en tu casa, y a mí todavía me quedan por arreglar algunas cosas. ¡Adiós!

La niña envolvió otra vez la bola de cristal y caminó hasta el portalón. Desde allí, dirigió una última mirada a su amigo, que permanecía de pie en la penumbra del local. Después abrió la puerta que daba a la calle y se marchó corriendo hasta su casa.

9

Una luna compartida

Por la noche, una Luna grande y redonda apareció en el cielo. Asomada a la ventana, Raquel no se cansaba de mirarla. Pocas veces la había visto tan brillante y luminosa, y tampoco tan próxima a la Tierra, pues parecía que podría tocarse desde las casas más altas con solo extender los brazos.

–¿Qué haces tanto tiempo en la ventana? ¿Acaso no habías visto nunca la luna llena? –le dijo el padre, mirando también el satélite que iluminaba el cielo–. Ya es tarde, es hora de que te vayas a la cama.

–¿Te digo un secreto, papá? Pero tienes que prometerme que no se lo contarás a nadie.

–¿A nadie? ¿Ni siquiera a mamá?

–Bueno, a mamá puedes contárselo, si quieres –sin dejar de mirar el cielo, Raquel añadió–: Allá arriba, en la Luna, está ahora un amigo mío. Se llama Skywalker, y durante un tiempo permaneció aquí, entre nosotros, investigando cómo somos los habitantes de la Tierra. Va a quedarse en la Luna unos días, pero después regresará a su casa. Porque él vive en un planeta que está muy muy lejos del nuestro.

–¡Ay, esta hija mía, cuántas cosas inventa! Vas a salir escritora, o directora de cine. Pero ahora tienes que dormir, a ver si sueñas también con ese extraterrestre.

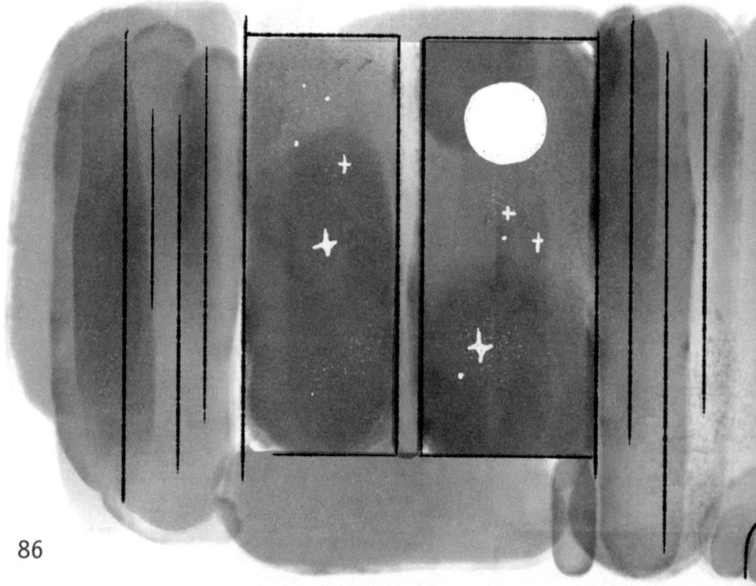

Su padre la acompañó hasta el cuarto. Después de ayudarle a acostarse, le dio un beso y apagó la luz. En cuanto se quedó sola, Raquel se levantó y encendió otra vez la lámpara. Después fue hasta el armario y sacó la bola de cristal, que había escondido entre los jerséis. La acercó a la lámpara de la mesilla de noche y la mantuvo arrimada durante algunos minutos. Y apagó otra vez la luz, tal como le había indicado Skywalker.

Entonces se produjo el milagro. La luna de aquel cielo de cristal, y también las estrellas, brillaban ahora con luz propia, desprendiendo

una intensa claridad plateada que se derramaba sobre el paisaje y lo iluminaba por entero.

Era fascinante contemplar aquella maravilla, mucho más de lo que Raquel había imaginado. El milagro, sin embargo, solo duró unos segundos, porque aquel brillo se fue apagando poco a poco, hasta que también la oscuridad se adueñó de aquel cielo de cristal. Pero a la niña no le importó, porque sabía que podría hacerlo brillar de nuevo cuantas veces quisiera.

Guardó la esfera otra vez y dejó levantada la persiana. Desde la cama, podía ver cómo la luna aparecía en el trozo de cielo enmarcado en su ventana. Su amigo ya estaría allí, descansando en su cráter; se lo merecía mucho, después de tantos días como había pasado a pie firme, ignorado por todos. ¡Era una suerte haber podido compartir con él un secreto tan grande! Quizá en aquel mismo momento también él estaba pensando en la amiga que había dejado en la Tierra. Quién sabe, a lo mejor incluso tenía poderes para verla a ella en ese preciso momento, desde tan lejos, acostada en la cama. Por si acaso, le mandó con la mano un beso de buenas noches. Y así, ocupada en estos pensamientos, Raquel se quedó dormida, con la imagen de la luna prendida en sus ojos.

Era la misma luna que Skywalker no dejaba de mirar desde el suelo del vagón. Tumbado sobre una manta, con la cabeza apoyada en la mochila, pensaba que era una suerte que aquel vagón no tuviera techo, pues le permitía viajar contemplando la luna y las estrellas del fascinante cielo negro. A su lado, otros hombres invisibles como él, la mayoría de piel intensamente oscura, dormían o soñaban con los ojos abiertos; todos, viajeros anónimos de aquel tren de carga que atravesaba las inmensas llanuras y que los acabaría dejando en alguna estación ignorada, en otra ciudad desconocida.

TE CUENTO QUE PUÑO...

... siempre quiso viajar a otros planetas, sobre todo desde la primera vez que fue al cine. Fue con su abuela y ponían *Star Wars*, una película en la que salen increíbles seres de galaxias lejanas y cuyo protagonista se llama Skywalker, como el de este libro. La película les gustó tanto que se quedaron a verla otra vez, porque en los cines antiguos podías quedarte una tarde entera viendo la misma película si te había gustado mucho. Desde entonces, Puño ha leído todos los libros, cómics y películas que ha encontrado sobre naves espaciales, seres de otros planetas y galaxias lejanas, donde todavía todo es posible.

Puño tiene bigote y gafas, dos gatas, una bicicleta amarilla y negra y un montón de amigos de todos los colores que hacen que el mundo sea menos gris. Vive en Madrid, donde se dedica a dibujar para los demás y a enseñar a otros cómo tener ideas bonitas y útiles. Sueña con pasar la vida cerca de la playa, en una casa con jardín que tenga un árbol que dé limones y una maceta con perejil.

TE CUENTO QUE AGUSTÍN FERNÁNDEZ PAZ...

... cuando rememora su infancia, recuerda una casa en la que no había televisión, en la que los armarios desprendían olor a manzana madura y en la que se contaban historias de fantasmas y aparecidos alrededor del calor de una cocina de hierro. Con el paso de los años, Agustín se ha dado cuenta de que, aunque cuando escribe lo hace construyendo sus libros con las cosas que pasan a su alrededor, no puede olvidar que todas sus historias tienen origen en su infancia. Las historias de Agustín comienzan siendo una idea confusa, a la que poco a poco va dando forma. Pero el esfuerzo merece la pena, porque su aspiración con la escritura es ayudar a que el mundo sea un poco mejor. Seguro que sus lectores están de acuerdo con él.

Agustín Fernández Paz nació en 1947 en Vilalba, Galicia. Es perito industrial mecánico, maestro de enseñanza primaria, licenciado en Ciencias de la Educación y diplomado en Lengua Gallega. También es profesor de secundaria, miembro destacado de colectivos pedagógicos, crítico literario y editor. Ha ganado premios como el Nacional de Literatura, el Barco de Vapor y el Gran Angular.

Si te ha gustado este libro, visita

LITERATURASM•COM

Allí encontrarás:

- Un montón de libros.
- Juegos, descargables y vídeos.
- Concursos, sorteos y propuestas de eventos.

¡Y mucho más!

Para padres y profesores

- Noticias de actualidad, redes sociales y suscripción al boletín.
- Propuestas de animación a la lectura.
- Fichas de recursos didácticos y actividades.